BEI GRIN MACHT SICH IHR WISSEN BEZAHLT

- Wir veröffentlichen Ihre Hausarbeit, Bachelor- und Masterarbeit

- Ihr eigenes eBook und Buch - weltweit in allen wichtigen Shops

- Verdienen Sie an jedem Verkauf

Jetzt bei www.GRIN.com hochladen und kostenlos publizieren

Die Tiere in der Märchenwelt der Gebrüder Grimm

Bibliografische Information der Deutschen Nationalbibliothek:

Die Deutsche Nationalbibliothek verzeichnet diese Publikation in der Deutschen Nationalbibliografie; detaillierte bibliografische Daten sind im Internet über http://dnb.d-nb.de abrufbar.

ISBN: 9783389050170

Dieses Buch ist auch als E-Book erhältlich.

© GRIN Publishing GmbH
Trappentreustraße 1
80339 München

Alle Rechte vorbehalten

Druck und Bindung: Books on Demand GmbH, Norderstedt Germany
Gedruckt auf säurefreiem Papier aus verantwortungsvollen Quellen

Das vorliegende Werk wurde sorgfältig erarbeitet. Dennoch übernehmen Autoren und Verlag für die Richtigkeit von Angaben, Hinweisen, Links und Ratschlägen sowie eventuelle Druckfehler keine Haftung.

Das Buch bei GRIN: https://www.grin.com/document/1493325

Die Tiere in der Märchenwelt der Gebrüder Grimm

Lehrveranstaltung: Analyse literarischer Texte

Studienrichtung: BA LA GSP, BA LA Deutsch

Semester: Wintersemester 2021

28. Februar 2022

INHALT

Das Tier in der Märchenwelt der Gebrüder Grimm 3

Welche Tiere kommen in den Texten der Gebrüder Grimm vor? 3

Funktion von Tieren 3

Die verschiedenen Rollen von Tieren 4

    Hauptakteur und Nebenakteur 4

Die Darstellung verschiedener Tiere bei den Gebrüder Grimm 7

Die Gestalt des Wolfes in der Grimmschen Märchenwelt 7

    Der Wolf in der europäischen Kultur 7

    Der Wolf in den Märchen der Gebrüder Grimm 8

Die Gestalt des Fuchses in der Märchenwelt der Gebrüder Grimm 8

    Der Fuchs in der europäischen Kultur 8

    Der Fuchs in den Märchen der Gebrüder Grimm 9

Das Märchen „Der Wolf und der Fuchs" 9

    Kurze Zusammenfassung des Märchens 9

    Analyse des Märchens 10

Andere Tiere in den Grimm-Märchen 11

    Der Esel   11

    Die Katze   12

Schluss 13

Literaturverzeichnis 14

EINLEITUNG

Der große, böse Wolf, der listige Fuchs und der störrische Esel – kaum ein berühmtes Märchen der Gebrüder Grimm kommt ohne die Tiere aus. Sie leiten Handlungen ein, helfen oder gefährden den Menschen oder sind sogar selbst die Hauptakteure, deren Geschichte erzählt wird.

Ziel dieser Arbeit ist, einen Blick auf die Darstellung der Tiere in den Märchen von Jacob und Wilhelm Grimm zu werfen. Dabei werden die auftretenden Tierfiguren auf Funktion, Darstellung und Wesensmerkmale untersucht. In einem weiteren Schritt wird auf den historischen Kontext und die Herkunft der Eigenschaftszuschreibungen eingegangen.

Im letzten Teil der Arbeit werden die verschiedenen Darstellungen von Tieren in der Märchenwelt der Brüder Grimm genauer betrachtet. Besondere Aufmerksamkeit erfahren hierbei der Wolf und der Fuchs. Bei ihnen wird der Hintergrund ihrer jeweiligen Darstellung näher beleuchtet. In einem weiteren Schritt wird das Märchen „Der Wolf und der Fuchs" genauer unter die Lupe genommen, das Verhalten beider Tiere in der Erzählung wird genauer analysiert. Am Ende der Arbeit befindet sich noch eine Kurzbeschreibung anderer häufig vorkommender Tiere.

HAUPTTEIL

DAS TIER IN DER MÄRCHENWELT DER GEBRÜDER GRIMM

In diesem Kapitel wird näher auf die Gestaltung und Funktion von Tieren in den Märchen der Gebrüder Grimm eingegangen. Die Rollen, die Tiere in der Handlung der Erzählungen übernehmen, sowie auch das Verhältnis von Tier und Mensch werden genauer unter die Lupe genommen.

WELCHE TIERE KOMMEN IN DEN TEXTEN DER GEBRÜDER GRIMM VOR?

Jacob Grimm rief im Jahre 1815 in einem Zirkularbrief dazu auf, Tierfabeln, in denen Füchse, Wölfe, Frösche, Mäuse, Katzen, Raben usw. als Figuren auftreten, zu erforschen. Dies tat er, um herauszufinden, ob diese Erzählungen aus der germanischen Mythologie stammen und mündlich überliefert wurden. Diese Vermutung zog Grimm aus dem mittelalterlichen Epos „Reinhard Fuchs". Der Fuchs ist auch jenes Tier, welches mit Abstand am häufigsten in den Kinder- und Hausmärchen der Gebrüder Grimm auftaucht. Ganze achtzehn Mal ist er Teil eines Märchens. Auch der Wolf, der Rabe und der Sperling treten ähnlich oft auf. Katze, Hähne, Hund und Maus kommen auch in einigen der Märchen, handeln aber seltener aktiv (vgl. Elser, 2012, S. 20).

FUNKTION VON TIEREN

Es gibt kaum ein Märchen, in dem keine Tiere vorkommen. Die Tiere sind in dem Märchen wesentlichen Handelsträger und somit als „Subjekte", also selbstständig handelnde Figuren anzusehen. Natürlich kommen auch Tiere in der Rolle des „Objekts", also eines nicht selbstständig handelnden Charakters, vor. Weiters werden Tiere im Märchen nicht als dem Menschen untergeordnete Wesen betrachtet, sondern werden mit ihnen gleichgesetzt. Die Menschen kommunizieren mit den Tieren, manchmal in menschlicher, manchmal in tierischer Sprache. Die jeweils verwendete Sprache wurde dabei je nach Märchen entweder erlernt oder durch magische Kräfte erworben. Weiters haben Tiere im Märchen menschliche Wesenszüge (vgl. Riedel, 2004).

DIE VERSCHIEDENEN ROLLEN VON TIEREN

Hauptakteur und Nebenakteur

Tiere können entweder als Haupt- oder auch als Nebenakteure auftreten. Ein Beispiel für Tiere als Protagonisten wäre zum Beispiel das im späteren Teil der Arbeit besprochene Märchen „Der Wolf und der Fuchs" (vgl. ebd.). Folgende Tabelle ordnet jedem Tier jene Märchen zu, in dem es als Protagonist bzw. Hauptakteur handelt:

Tier	Häufigkeit	Märchen
Fuchs	5	Der Wolf und der Fuchs
		Der Fuchs und die Frau Gevatterin
		Der Fuchs und die Katze
		Der Fuchs und die Gänse
		Der Fuchs und das Pferd
Vogel	5	Mäuschen, Vögelchen
		Fundevogel Der goldene Vogel
		Die drei Vögelchen
		Der Vogel Greif
Wolf	3	Der Wolf und die sieben jungen Geißlein
		Der Wolf und der Mensch
		Der Wolf und der Fuchs
Katze	3	Katze und Maus in Gesellschaft
		Der Fuchs und die Katze
		Der arme Müllerbursch und das Kätzchen
Ganz	3	Die goldene Ganz
		Der Fuchs und die Gänse
		Die Gänsemagd
Igel	2	Haus mein Igel
		Der Hase und der Igel
Esel	2	Der Krautesel
		Das Eselein
Maus	2	Katze und Maus in Geselschaft
		Mäuschen, Vögelchen
Frosch	1	Der Froschkönig oder der eiserne Heinrich
Schlange	1	Die weiße Schlange
Laus	1	Läuschen und Flöhchen
Floh	1	Läuschen und Flöhchen

Biene	1	Die Bienenkönigin
Huhn	1	Von dem Tode des Hühnchens
Schwan	1	Die sechs Schwäne
Löwe	1	Das singende, springende Löweneckerchen
Erdmännchen	1	Das Erdmännchen
Rabe	1	Die Rabe
Bär	1	Der Zaunkönig und der Bär
Pferd	1	Der Fuchs und das Pferd
Lamm	1	Das Lämmchen und Fischen
Fisch	1	Das Lämmchen und Fischen
Eule	1	Die Eule
Hase	1	Der Hase und der Igel
Kaninchen	1	Das Meerhäschen
Sperling	1	Der Sperling und seine vier Kinder

(vgl. Gajger, 2019, S.17ff.).

Diese Hauptakteure sind manchmal gewöhnliche Tiere, Menschen, die sich in Tiere verwandelt haben oder Tiere mit übernatürlichen Kräften (vgl. Riedel, 2004). Es kommen sowohl Wildtiere als auch Haustiere als Protagonisten vor. Besonders häufig im Titel kommen der Fuchs und der Vogel vor, wobei beim Vogel oft im Märchen nicht herauskommt, welche Art gemeint ist (vgl. Gajger, 2019, S. 18).

Die Tiere in der obrigen Tabelle können, wie bereits erwähnt in die Gruppe der „Wildtiere" und der „Haustiere" eingeteilt werden. Zu ersteren gehören der Fuchs, der Wolf, der Schwan, der Floh, die Laus, die Biene, die Vögel, der Igel, der Frosch, der Rabe, der Bär, der Fisch, der Sperling, die Eule und der Hase. Zu den Haustieren gehören die Katze, der Hund, das Pferd, der Esel, das Huhn, die Gans, das Lamm und das Kanichen (vgl. ebd.) .

Tiere können allerdings auch als Nebenakteure auftreten. Hier übernehmen sie verschiedenste Rollen: Sie sind Helfer, Beschützer, Überlegene, Lockmittel oder Gleichgestellte (vgl. Riedel, 2004).

TIERE ALS HELFER

Zu Helfern werden Tiere in den Märchen meist, weil sie eine Gegenleistung erwarten. Zum Beispiel wollen sie als Gegenzug für ihre Hilfe oft ihr Leben oder ihre Unversehrtheit. Die Hilfe erfolgt meist durch ihre natürlichen Fähigkeiten. Diese Rolle haben meist die Tiere aus der freien Wildbahn (vgl. ebd.).

TIERE ALS ZUFLUCHT

Tiere als Beschützer führen diese Rolle meist als sogenannter „Schutzgeist" aus, welcher den Menschen ergänzt (vgl. ebd.).

TIERE ALS GLEICHGESTELLTE

In außereuropäischen Märchen wird erzählt, das Mensch und Tier einst denselben Urahn hatten. Anders als in der europäischen Vorstellung wird hier der Mensch hier nicht als selbstverständlich überlegen angesehen. Sogar Ehen zwischen Tier und Mensch werden erwähnt. Auch die Funktion des Tieres als Elternteil eines Menschenkindes und die Anpassung des Menschenkindes an die „tierische" Umgebung (auch Verwandlung genannt), wird beschrieben (vgl. ebd.).

Die Tierverwandlung kommt in verschiedenen Formen vor:

1) Die aktive Verwandlung in ein Tier aufgrund magischer Kräfte.
2) Die passive Verwandlung in ein Tier durch einen Fluch oder eine Hexe.
3) Als menschlicher Charakter, der in einem Tierkörper feststeckt (vgl. ebd.).

Die Verwandlung in ein Tier wird in Märchen wie auch in anderen Erzählungen, wie zum Beispiel in Kafkas' „Die Verwandlung", als eine Tragödie wahrgenommen. Dem/der Betroffenen wird das „Menschsein" abgesprochen. Diese Verwandlung kann sich aus verschiedensten Gründen ereignen: Durch den Flug einer/s Hexe/rs, durch eine Untat, durch freien Wunsch oder auch einfach aus der Laune des Schicksals heraus. Meist können die Betroffenen nichts gegen ihren Fluch unternehmen und brauchen Hilfe von außen, also eine sogenannte „Erlösung". Aber vor allem im Fall der „Selbstverwandlung" kann diese magische Eigenschaft durchaus als Vorteil begriffen werden (vgl. ebd.)

DIE DARSTELLUNG VERSCHIEDENER TIERE BEI DEN GEBRÜDER GRIMM

In den folgenden Zeilen wird ein genauerer Blick auf die Darstellung von verschiedenen Tieren hinsichtlich ihrer Charaktereigenschaften, Verhalten und Sprache geworfen. Um den Umfang dieser Arbeit nicht zu sprengen, werden nicht alle Tiere dieser Märchen hinsichtlich der genannten Punkte analysiert. Hierfür habe ich den Wolf und den Fuchs gewählt. Die ersteren beiden werden bei den Gebrüder Grimm als „Repräsentanten der Wildnis" (Gajger, 2019, S. 22) angesehen und sind häufig Protagonisten oder auch Antagonisten der Werke. In den folgenden Absätzen wird untersucht, woher die Vorteile diesen Tieren kommen und wie sie sich in den Märchen verewigt haben. Danach werden auch andere Tiere der Grimmmärchen kurz beschrieben.

DIE GESTALT DES WOLFES IN DER GRIMMSCHEN MÄRCHENWELT

Der Wolf in der europäischen Kultur

Der „große, böse Wolf" ist eine der bekannt-berüchtigtsten Figuren in den Märchen der Gebrüder Grimm. Er kommt in fast allen Märchen vor und hat hier meist eine sehr negative Rolle (vgl. Gajger, 2019, S. 23).

Aber schon vor den grimmschen Märchen war den Wolf in Erzählungen keine gute Figur. In der indischen Mythologie steht er in Zusammenhang mit dämonischen Kräften, im Christentum ist er gar der Teufel selbst. Die Menschen des Mittelalters fürchteten die Gestalt der Werwolfes, ein Wesen, welches halb Mensch, halb Wolf ist. Es zieht nachts umher und tötet die Menschen. Sogar das Wort „Wolf" ist negativ besetzt: In der altgermanischen Sprache bezeichnet es nicht nur das Tier, sondern bedeutet auch „Räuber", „Mörder", „Verbannter" oder „böser Geist (vgl. ebd.)

Auch in der Neuzeit, in welcher sich die Volksmärchen herausbildeten, änderte sich das Bild des Wolfes nicht. Dies hatte vor allem wirtschaftliche Gründe: Die Landwirtschaft gewann an Bedeutung, folglich wurden größere Anbauflächen benötigt. Der Mensch griff stärker in die natürlichen Gegebenheiten ein, unter anderem auch in die Territorien von Wolfsrudel. Dadurch verirrten sich Wölfe verstärkt in die Lebensräume der Menschen. Diese aber fürchteten den Wolf. Diese Furcht begründete sich einerseits in der Angst um das eigene Leben und Wohlbefinden und andererseits in der Angst um das Nutzvieh (vgl. ebd.)

Weiters war der Wolf ein Symbol für Barbarei und Wildheit und stand somit im Kontrast zu dem Streben nach Vernunft, welches wiederum ein Hauptmotiv der Aufklärung war (vgl. Gajger, 2019, S. 24).

Viele noch heute verwendete Redewendungen über den Wolf stammen aus jener Zeit: „Der Wolf wird älter, aber nicht besser", „Das freie Schaft frisst der Wolf", und so weiter (vgl. ebd.).

Der Wolf in den Märchen der Gebrüder Grimm

Durch das eben beschriebene Bild, welches die Menschen der damaligen Zeit vom Wolf hatten, verwundert die Darstellung in den Märchen nicht. So wie in Fabeln und in Märchen üblich werden dem Tier menschliche Eigenschaften gegeben. In der dem Unterkapitel „Der Wolf und der Fuchs" wird der Wolf genauer analysiert (S. 10 - 11).

DIE GESTALT DES FUCHSES IN DER MÄRCHENWELT DER GEBRÜDER GRIMM

Der Fuchs in der europäischen Kultur

Der rote Waldbewohner bekommt, anders als der Wolf, sowohl gute als auch schlechte Eigenschaften zugeordnet.

In der Antike wurde der Fuchs schon mit List in Verbindung gebracht, ein Vorurteil, welches sich schnell verbreitete und bis heute noch Bestand hat. Im Mittelalter aber wurde er durch das Epos „Reynke de vos" (1498) zum Helden erkoren, sein Aussehen und Klugheit wurden gelobt. Später aber verschlechterte sich der Ruf des Fuchses erneut. Es wird als *„räudig und schäbig"* (Gajger, 2019, S. 30) bezeichnet. Grund dafür könnte der Einfluss des Christentums sein: Jesus verglich die Bosheit des Herodes mit der eines Fuchses (vgl. Riegler, 1907, S. 40 - 43).

Die weitere Entwicklung lässt sich mit der des Wolfes vergleichen. Auch er dringt öfter in den Lebensraum der Menschen ein. Allerdings wird sein Einschleichen weniger bemerkt als das des Wolfes. Dies hat er seiner Schlauheit zu verdanken (vgl. Riegler, 1907, S. 45).

Auch über den Fuchs gibt es einige alte Sprichwörter. Ein Beispiel dafür wäre *„schlau wie ein Fuchs"* sein (vgl. Gajger, 2019, S. 30).

Der Fuchs in den Märchen der Gebrüder Grimm

Eigenschaften wie List oder Verschlagenheit werden dem Fuchs nicht nur in damaligen Gesellschaft zugeschrieben, sondern finden ihren Weg auch in die Märchenwelt der Gebrüder Grimm. In der folgenden Analyse des Märchens „Der Wolf und der Fuchs" werden diese Wesensmerkmale genauer herausgearbeitet (vgl. Gajger, 2019, S. 31).

DAS MÄRCHEN „DER WOLF UND DER FUCHS"

Kurze Zusammenfassung des Märchens

Der Wolf und der Fuchs leben miteinander, wobei der physisch stärkere Wolf den schwächeren Fuchs beherrscht. Der Fuchs muss immer für den Wolf jagen gehen und seine Befehle befolgen. Eines Tages hat der Wolf Hunger und befiehlt dem Fuchs, ihm etwas zum Essen zu besorgen. Der Fuchs beschließt, ein Lamm von einem Bauernhof zu stehlen. Der Wolf hat aber mit einem Lamm nicht genug und versucht selbst, eines zu stehlen. Das Mutterschaf aber sieht ihn und mäht so laut, dass die Bäuerin auf den Wolf aufmerksam wird. Der Bauer fängt und verprügelt den Wolf. Als dieser zurückkommt, gibt er dem Fuchs Schuld an seinen Schmerzen, aber dieser wehrt ab (vgl. Grimm, 1857, S. 325 – 327).

Am nächsten Tag fordert der Wolf den Fuchs erneut auf, ihm etwas zum Essen zu bringen. Der Fuchs stiehlt Pfannkuchen, aber auch diese reichen dem Wolf nicht. Er macht sich auf, um mehr Pfannkuchen zu stehlen, doch er wirft die Schlüssel hinunter und wird von der Hausherrin erwischt. Der Hausherr walkt ihm das Fell. Unter Schmerzen schleppt er sich nach Hause und beschuldigt erneut den Fuchs (vgl. ebd.)

Am dritten Tag befiehlt der Wolf dem Fuchs erneut, ihm etwas zum Fressen zu bringen. Diesmal begleitet er den Fuchs zu dem Bauern, über den der Fuchs wusste, dass er gerade geschlachtet hatte. Sie gehen in den Keller, wo frisches, gesalzenes Fleisch liegt. Beide beginnen zu fressen, der schlaue Fuchs aber geht wieder und wieder zu ihrem Einstiegsloch, um zu sehen, ob er noch durchkommt. Auf Nachfrage des Wolfes meint er, dass er nur nachsieht, ob jemand kommt (vgl.ebd.)

Aufgeweckt von dem Getrampel des Fuchses kommt der Bauer in den Keller. Schnell flieht der Fuchs durch das Loch. Der Wolf allerdings hatte sich so sehr angefressen, dass er nicht mehr durch das Loch kommt und wird von dem Bauern getötet. Dem Fuchs allerdings war es mit seiner List gelungen, seinen Herrn loszuwerden (vgl. ebd.)

Analyse des Märchens

DIE CHARAKTERISTIKA DES WOLFES

Der Wolf ist neben dem Fuchs ein Protagonist des Märchens. Aufgrund seiner körperlichen Dominanz herrscht er über den Fuchs. Das Märchen ordnet dem Wolf vor allem zwei Eigenschaften zu: Gier und Dummheit. Der Wolf lässt sich, anders als der Fuchs, von seinen Trieben kontrollieren, sein Handel ist von Emotionen angeleitet und sein Herrschaftsanspruch über den Wolf beruht allein auf seiner körperlichen Überlegenheit. Damit weist der Wolf deutlich mehr tierhafte Wesenszüge auf als der Fuchs: Er handelt nach seinen Instinkten, plant sein Handeln nicht voraus und will nur seinen körperlichen Bedürfnisse befriedigen (vgl. Grimm, 1857, S. 325 - 327).

DIE CHARAKTERISTIKA DES FUCHSES

Der Fuchs ist neben dem Wolf des Hauptakteur der Erzählung. Schon am Anfang der Erzählung wird klar, dass der Fuchs der Gefährte des Wolfes ist und dass die beiden zusammenleben. Erst mit dem Verlauf des Märchens erkennt man das Hierachiegefüge: der Wolf, welcher der Stärkere der beiden ist, hat sich den Fuchs zu untertan gemacht und behandelt ihn wie einen Diener. Obwohl man aus dieser Beschreibung schließen könnte, dass der Fuchs der Held der Erzählung ist, werden auch ihm im Märchen nicht nur gute Eigenschaften zugeschrieben. Bei der Erledigung der Aufgaben, die ihm der Wolf aufzwingt, tritt im Verlauf des Märchens immer stärker seine Verschlagenheit und List in den Vordergrund, welche ihm schlussendlich helfen, seinen Herrn loszuwerden. Diese treten im Kontrast zu der Dummheit des Wolfes nochmal stärker zutage. Dem Fuchs werden menschliche Wesenszüge auf dem Leib geschrieben: er weiß über so einiges Bescheid *("Ich weiß einen Bauernhof, wo ein paar junge Lämmlein sind"* (Grimm, 1857, S. 325)), schmiedet, anders als ein instinktgesteuertes Tier, ausgefeilte Pläne und nutzt die Schwächen des Wolfes schamlos aus. Letzteres wird durch den Wolf bis zum Schluss nicht bemerkt. Der/die Leser/in erkennt zum Schluss der Erzählung, dass der Fuchs dem Wolf zwar klar körperlich untergeordnet ist, ihn aber intellektuell dominiert (vgl. Grimm, 1857, S. 325 - 327).

ANDERE TIERE IN DEN GRIMM-MÄRCHEN

Der Esel

Dieses bekannte Nutztier wird in den Märchen der Grimmbrüder oft als störrisch, faul und dumm beschrieben. Ein Beispiel hierfür ist die Darstellung des Esel in dem Märchen „Die Bremer Stadtmusikanten". In dieser Erzählung sollten vier Tiere, der Esel, der Hund, die Katze und der Hahn, nach vielen Jahren treuen Dienstes von ihren Besitzern umgebracht werden, weil sie alt geworden waren (vgl. Schwarz, 2016).

Diese Attribute werden dem Esel allerdings zu Unrecht zugeschrieben. Schon seit Jahrhunderten schuftet er für die Menschen, deren bevorzugtes Nutztier er aufgrund seines niedrigeren Preises und der größeren Ausdauer war. Die Attribute „faul" und „störrisch" bekam er daher angelastet, dass er seinen eigenen Kopf besitzt und sich oft nicht einmal mit Stock oder Peitsche antreiben lässt (vgl. ebd.).

Der Esel aus dem Märchen „Die Bremer Stadtmusikanten" entkommt schließlich dem Tod und lebt bis zu seinem Lebensende in einer Waldhütte (vgl. ebd.).

Die Katze

Eines der liebsten Haustiere des Menschen kommt auch in dem Märchen „Der gestiefelte Kater" vor. In dieser Erzählung erben einer von drei Söhen den Kater ihres Vaters. Dieser beschert dem jungen Mann zunächst eine Katastrophe nach der nächsten, verhilft ihm aber schlussendlich zu Adel, Wohlstand und Liebe. Der beschriebene Kater lässt sich nicht herumkommandieren, hat (ähnlich wie der Esel) seinen eigenen Kopf und lässt sich nicht erziehen. Anders als vielleicht der Wolf und der Esel werden die meisten Katzen diesem Ruf allerdings gerecht (vgl. ebd.).

SCHLUSS

Zusammengefasst kann gesagt werden, dass Tiere verschiedenste Funktionen in den Märchen erfüllen und dass die meisten Märchen der Gebrüder Grimm ohne sie und ihre Handlungsstränge nicht funktionieren würden. Manchmal sind sie selbst die Hauptakteure und ihre Geschichte wird erzählt, in anderen Fällen sind sie Helfer, Beschützer oder auch Gegner der menschlichen Protagonisten. Da sie in den Märchen eigenständige Charaktere sind, weißen sie stets menschliche Züge auf. Diese Vermenschlichung führte zu einer Assoziation bestimmter Tiere mit bestimmten Eigenschaften, wodurch eine Stigmatisierung mancher Tiere passierte. Durch die Beschäftigung mit der Geschichte der Wesensmerkmale von Fuchs und Wolf wird aufgezeigt, dass sich diese Vorurteile und die Rollen der Tiere durch religiösen Einfluss, kulturelle Prägung, die Lebenswelt der Menschen und ihren Erfahrungen herausbildeten. Durch ihren Einfluss auf die Märchenwelt der Gebrüder Grimm und der Popularität dieser Märchen blieben diese Vorurteile und Zuschreibungen bis heute. Wie man am letzten Kapitel erkennen kann, erfuhren nicht nur der Wolf und der Fuchs eine Stigmatisierung, sondern fast jedes Tier wird im Märchen mit bestimmten Eigenschaften verbunden.

LITERATURVERZEICHNIS

Elser, B. (2012). *Und wenn sie nicht gestorben sind...: Die Darstellung von Tieren in der Romantik anhand der Gebrüder Grimm und E.T.A. Hoffmann. Ein Vergleich.* Hamburg: Bedey Media GmbH.

Gajger, B. (2019). *Funktion und Darstellung der Tiere in Grimms Märchenwelt.* Osijek: Strossmayer Universität in Osijek.

Grimm, J. u. (1857). Der Wolf und der Fuchs. In J. u. Grimm, *Kinder- und Hausmärchen* (S. 325 - 327). Göttingen: Dieterische Buchhandlung.

Riedel, I. (2004). *Tiere im Märchen - Der Froschkönig.* Bremen: Universität Bremen.

Riegler, R. (1907). *Das Tier im Spiegel der Sprache. Ein Beitrag zur vergleichenden Bedeutungslehre.* Dresden, Leipzig: C.A. Kochs Verlagsbuchhandlung.

Röhrich, L. (1976). Dazu mehr in: Röhrich, Lutz: Tabus in Bräuchen, Sagen und Märchen. In: Röhrich, Lutz Tabus in Bräuchen, Sagen und Maerchen. In L. (. Röhrich, *Sagen und Maerchen. Erzählforschung heute* (S. S. 125-142.). Freiburg im Breisgau: Herder.

Schwarz, S. (25. Januar 2016). *biorama.eu.* Von tiere-in-märchen: https://www.biorama.eu/tiere-in-maerchen/ abgerufen

BEI GRIN MACHT SICH IHR WISSEN BEZAHLT

- Wir veröffentlichen Ihre Hausarbeit, Bachelor- und Masterarbeit

- Ihr eigenes eBook und Buch - weltweit in allen wichtigen Shops

- Verdienen Sie an jedem Verkauf

Jetzt bei www.GRIN.com hochladen und kostenlos publizieren